essentials

Kimberly Stolfi • Thomas Schnell

Schizophrenie

Eine Einführung in Störungsbild, Ätiologie und Epidemiologie

 Springer

Kimberly Stolfi
Wiesbaden, Deutschland

Thomas Schnell
Medical School Hamburg
Hamburg, Deutschland

ISSN 2197-6708 ISSN 2197-6716 (electronic)
essentials
ISBN 978-3-662-73239-7 ISBN 978-3-662-73240-3 (eBook)
https://doi.org/10.1007/978-3-662-73240-3

Die Deutsche Nationalbibliothek verzeichnet diese Publikation in der Deutschen Nationalbibliografie; detaillierte bibliografische Daten sind im Internet über https://portal.dnb.de abrufbar.

Planung/Lektorat: Heiko Sawczuk
Springer ist ein Imprint der eingetragenen Gesellschaft Springer-Verlag GmbH, DE und ist ein Teil von Springer Nature.
Die Anschrift der Gesellschaft ist: Heidelberger Platz 3, 14197 Berlin, Germany

- Eine Einführung in das Störungsbild der Schizophrenie mit zentralen klinischen Merkmalen und Kernsymptomen.
- Einen Überblick über ätiologische Erklärungsansätze zur Entstehung und Aufrechterhaltung der Schizophrenie. Hierbei mit dem Fokus auf biologische, genetische und umweltbezogene Einflussfaktoren, einschließlich neurophysiologischer Hypothesen, prä- und perinataler Risiken sowie exogener Belastungsfaktoren wie Cannabiskonsum und frühe Traumatisierung.
- Eine Zusammenfassung aktueller Erkenntnisse zu Gen-Umwelt-Interaktionen und epigenetischen Mechanismen.
- Eine Beschreibung der epidemiologischen Kennzahlen, Prävalenzraten und des typischen Erkrankungsbeginns im Lebensverlauf.

Inhaltsverzeichnis

Beschreibung des Störungsbildes Schizophrenie

Fallbeispiel

Der 19-jährige Michael hat sich im letzten halben Jahr deutlich verändert. Er verbringt die meiste Zeit alleine in seinem Zimmer, anstatt seine Freunde zu treffen. Die Welt erscheint ihm eigenartig fremd und unwirklich. In der Schule kommt er nicht mehr mit, weil er sich nicht mehr auf den Lernstoff fokussieren kann. Kleinigkeiten in seinem Umfeld lenken ihn ab und erscheinen ihm auf seltsame Weise bedeutsam. Lange Zeit versteht er nicht, was mit ihm passiert. Doch allmählich wird es ihm immer klarer: Etwas Großes ist im Gange und er ist auserwählt, um es in der Welt umzusetzen. Was genau das ist, erschließt sich ihm noch nicht, aber er ist gewiss, dass sich alles klärt, wenn es soweit ist. Er beginnt vermehrt, verdeckte Zeichen in Dingen und Ereignissen zu erkennen und ist sich sicher, dass er diese Zeichen deuten muss. Es ist wohl eine Art Test, den er bestehen muss. Eines Morgens auf dem Weg zur Schule hört er plötzlich eine Stimme. Wenn er weiter fahre, werde ein Unglück geschehen. Dann hat er den Eindruck, als würde nicht mehr er selbst das Fahrrad fahren, sondern als werde er von einer unsichtbaren Kraft gesteuert, die ihm genau vorgebe, wohin er zu fahren habe. Drei Stunden später wird er von der Polizei aufgegriffen und in eine psychiatrische Klinik gebracht. Er ist von einem Anwohner gemeldet worden, der beobachtete, wie Michael immer wieder vergeblich versuchte, sein Fahrrad anzuzünden. Er wirkte dabei stark erregt und ängstlich, und sprach unverständlich mit imaginären Personen.

© Der/die Autor(en), exklusiv lizenziert an Springer-Verlag GmbH, DE, ein Teil von Springer Nature 2026
K. Stolfi, T. Schnell, *Schizophrenie*, essentials,
https://doi.org/10.1007/978-3-662-73240-3_1

> *In der Klinik bekommt er Medikamente, die nach einigen Wochen zu wirken beginnen. Die Wochen vor der Einweisung kommen Michael nun seltsam und traumartig vor. Stimmen hört er nicht mehr und er nimmt auch keine Zeichen mehr wahr, die zu deuten seien. Konzentrieren kann er sich immer noch nicht. Was ihn aber stark beschäftigt, ist die Frage, ob er sich das wirklich alles nur eingebildet hat, wie es das Klinikpersonal sagt? Dann wäre er tatsächlich krank, verrückt. Dabei hat er sich nie krank gefühlt. Er hat sich bedeutsam und mächtig gefühlt, auch wenn ihm die Dinge teils Angst gemacht hatten. Doch wirklich krank fühlt er sich eigentlich erst jetzt in der Klinik. Die Tabletten ermüden ihn dermaßen, dass er meist im Bett liegt und an die Decke schaut. Vielleicht war ja doch alles real, und wird lediglich durch die Medikation unterdrückt? Am nächsten Tag spült er die Tabletten in der Toilette hinunter.*

Die Schizophrenie gehört zu der Gruppe der sogenannten psychotischen Störungen. Eine Psychose ist im Kern definiert als eine psychische Störung mit Realitätsverlust. Zentrale Symptome von Psychosen sind Halluzinationen, also Sinneswahrnehmungen ohne reale Reizquelle (besonders häufig: das Hören von Stimmen) und der Wahn, also unrealistische Überzeugungen, die im akuten Stadium nicht korrigierbar sind. Betroffene sind also im Zustand des Realitätsverlustes für Korrekturen ihrer Wahrnehmungen und für vernünftige Argumente nicht mehr zugänglich. Neben der Schizophrenie gibt es eine Reihe weiterer Psychosen: organisch bedingte Psychosen, zeitlich begrenzt auftretende drogeninduzierte Psychosen, affektive Psychosen (z. B. Depression oder manische Zustände, die jeweils ab einem bestimmten Schweregrad mit Wahn und Halluzinationen einhergehen können) und eben die Schizophrenie. Doch auch die Schizophrenie stellt nach heutigem Wissen keine homogene Entität dar. Vielmehr beschreibt sie eine Gruppe von Störungen, denen bestimmte Kardinalsymptome gemeinsam sind, die aber insbesondere hinsichtlich Prognose und Verlauf sowie des Ansprechens auf Behandlungen stark differieren können (Näheres dazu weiter unten). Der Begriff ‚Schizophrenie' beschreibt dabei die Spaltung zwischen der Innenwelt der Betroffenen (der sogenannten privaten Wirklichkeit) und der mitmenschlich geteilten Außenwelt.

Die ersten systematischen Untersuchungen zur Schizophrenie wurden im 19. Jahrhundert von Emil Kraepelin (1856–1926) durchgeführt. Er prägte den Krankheitsbegriff „Dementia praecox" (vorzeitiger Verfall; DGPPN 2019), unter dem er psychische Erkrankungen zusammenfasste, die bereits im frühen Erwachsenenalter begannen und durch kognitive Defizite ebenso wie durch schlechte Langzeitprognosen gekennzeichnet waren (Kraepelin 1899). In seinem längsschnittlich angelegten Krankheitskonzept betonte er insbesondere den frühen Krankheitsbeginn und den fortschreitend ungünstigen Verlauf der Störungen (Andreasen und Carpenter Jr. 1993) und kennzeichnete dies zusammen mit den anhaltenden Defiziten von Kognition und Willensbildung als Hauptmerkmal der Dementia praecox (Kraepelin 1899). Ab 1908 prägte Eugen Bleuler (1857–1939) erstmalig den Begriff der Schizophrenie – ‚gespaltener Geist‘ (Bleuler 1916). Mit dem Begriff sollten die Denk- und Sprachstörungen sowie der inadäquate Affekt der Betroffenen beschrieben werden. Er erweiterte den Begriff der Dementia praecox, indem er zusätzlich auch positive Verläufe in seine Forschungsarbeiten zur Schizophrenie einbezog (Walther und Weiss 2022). In seinen Untersuchungen verfolgte er einen querschnittlichen Ansatz, indem er versuchte, charakteristische Kernsymptome der Erkrankung zu identifizieren und das Erscheinungsbild der Schizophrenie zu einem bestimmten Zeitpunkt zu definieren. Er unterschied Grundsymptome, wie Störungen des Gedankengangs (Assoziationslockerung), der Affektivität (Affektstörung) und des subjektiven Ich-Erlebens (Autismus und Ambivalenz). Zudem definierte er akzessorische Symptome wie Wahrnehmungsstörungen, inhaltsorientierte Denkstörungen und katatone Störungen (Bleuler 1916). Kurt Schneider (1887–1967) verfolgte ebenfalls einen querschnittlichen Ansatz und entwickelte eine hierarchische Klassifikation der Symptome, die er in den ersten und zweiten Rang einteilte (Schneider et al. 1946). Für die Diagnose der Schizophrenie waren insbesondere die Symptome des ersten Ranges bedeutsam, die als Kriterium bei den erkrankten Personen auftreten mussten. Zu den Symptomen des ersten Ranges gehörten „Gedanken-Lautwerden", das Hören „dialogischer Stimmen" und „kommentierender Stimmen", „leibliche Beeinflussungserlebnisse", „Gedankenentzug", „Gedankenausbreitung", „Wahnwahrnehmungen" sowie „das Gefühl des Gemachten". Die Symptome des zweiten Ranges waren weniger relevant und mussten für die Diagnosestellung nicht vorliegen (Schneider et al. 1946). Damit legte Schneider den Grundstein für einen ersten Versuch, die Symptome zu operationalisieren (Falkai et al. 2022), an dem sich spätere Klassifikationssysteme in ihrem Aufbau orientierten (Clamor et al. 2020). Die heutige Konzeption der Schizophrenie entspricht damit weitgehend der damaligen Konzeption von Schneider.

Aufgrund der ausgeprägten Heterogenität der Symptompräsentationen, der Krankheitsverläufe und des Ansprechens auf psychopharmakologische Behandlungsversuche wird heute jedoch nicht von *der* Schizophrenie gesprochen, sondern von einem schizophrenen Formenkreis. Somit definiert die Schizophrenie eine heterogene Gruppe von Störungen, die durch eine breite Palette unterschiedlicher Symptome gekennzeichnet ist (Falkai et al. 2022). Da es bis dato nicht gelungen ist, trennscharfe Subtypen der Schizophrenie zu definieren, verzichtet das aktuelle Klassifikationssystem (ICD-11) auf Subtypisierungen und definiert stattdessen lediglich *ein* Konzept der Schizophrenie. Dieses Störungskonzept vereint eine Gruppe der schwerwiegendsten psychischen Erkrankungen, assoziiert mit den Kardinalsymptomen des Wahns und der Halluzinationen. Weitere typische Symptome sind formale Denkstörungen (z. B. Zerfahrenheit oder Gedankenabrisse), Ich-Störungen (z. B. Gedankeneingebung oder -entzug), Affektverflachung und psychomotorische Störungen (katatone Symptome; Falkai et al. 2022). Nicht alle Symptome treten bei allen Betroffenen auf, sodass sehr unterschiedliche klinische Erscheinungsbilder als Schizophrenie diagnostiziert und beobachtet werden können (Caspar et al. 2018). Es lässt sich eine zunehmende Entfremdung der Betroffenen von ihrem sozialen Umfeld beobachten. Ihr Rückzug in eine sogenannte ‚Privatwirklichkeit' steht dabei im Kontrast zur mitmenschlich geteilten Realität. Während Mitmenschen Veränderungen und Symptome bei Betroffenen häufig deutlich wahrnehmen, fehlt es den Betroffenen regelhaft an Krankheitseinsicht und Therapiebereitschaft (Prölß et al. 2019). Dies führt oft zu einer unzureichenden psychotherapeutischen und pharmakologischen Versorgung sowie zu einer mangelhaften Einbindung Betroffener in das Gesundheitssystem. Erste Versuche, die komplexe Symptomatik therapeutisch zu behandeln, erfolgten mit der Entwicklung und Einführung der ersten Antipsychotika in den 1950er-Jahren (Falkai und Hasan 2019). Bis heute stellt die kontinuierliche Langzeitbehandlung mit Antipsychotika den zentralen Ansatz zur Symptomreduktion und Rückfallprävention dar. Obwohl die medikamentöse Behandlung bei schizophrenen Erkrankungen von zentraler Bedeutung ist, gibt es weiterhin zahlreiche Probleme, die im Zusammenhang mit der Pharmakotherapie stehen. Die Akzeptanz der Medikation ist bei den Betroffenen häufig gering (Wade et al. 2017), was sich in Form von unregelmäßiger Einnahme der Medikamente oder deren abruptem Absetzen zeigt. Gründe dafür sind die häufig als unzureichend empfundene Wirksamkeit der Medikamente, die subjektive Überzeugung der Betroffenen, nicht erkrankt zu sein, sowie die stark aversiven Nebenwirkungen (Wade et al. 2017). Dazu kommt, dass über 20% der PatientInnen trotz Medikation unter persistierenden Symptomen leiden und viele PatientInnen langfristig mit kognitiven Defiziten (Störungen der Aufmerksamkeit, Konzentration, des Gedächtnisses und exekutiver Funktionen) zu kämpfen haben (Bechdolf und Klingberg 2014). Hinsichtlich der Prognose führt die Schizophrenie in vielen Fällen zu einer langfristigen sozialen und beruflichen Behinderung und schränkt die Teilhabe an der Gesellschaft erheblich ein. Allgemein gehört die Schizophrenie zu den am häufigsten zu einer Behinderung führenden psychischen Erkrankungen und stellt für das Gesundheitssystem eine enorme Belastung dar (Janssen et al. 2006; McCutcheon et al. 2020). Schätzungen zufolge belaufen sich die jährlichen Kosten für die Bundesrepublik Deutschland auf etwa fünf Milliarden Euro (Janssen et al. 2006), während die jährlichen Kosten in den Vereinigten Staaten von Amerika mehr als 150 Mrd. US-Dollar betragen (McCutcheon et al. 2020). Die jährlichen direkten und indirekten Kosten, die mit psychotischen Erkrankungen verbunden sind, gehören pro individuellem Erkrankungsfall zu den höchsten in der Psychiatrie (Gustavsson et al. 2011). Die Tatsache, dass eine Störung, von der etwa ein Prozent der Bevölkerung betroffen ist, mit derartigen Kosten verbunden ist, lässt sich auf zwei Faktoren zurückführen. Einerseits tritt die Krankheit typischerweise bereits im frühen Erwachsenenalter auf, und andererseits sind mit der Erkrankung langfristige Beeinträchtigungen der sozialen und beruflichen Funktionen verbunden (McCutcheon et al. 2020). Nur 20% der betroffenen PatientInnen schaffen es, eine Tätigkeit auf dem ersten Arbeitsmarkt zu erhalten (Bechdolf und Klingberg 2014; Heim et al. 2019) und die durchschnittliche Lebenserwartung von Menschen mit Schizophrenie liegt etwa 15 Jahre unter derjenigen der Allgemeinbevölkerung. Daher wird die Schizophrenie auch als sogenannte „life-shortening disease" bezeichnet (Hewer und Schneider 2016). Dazu trägt nicht nur das erhöhte Suizidrisiko mit einer Prävalenz von 5–10% (McCutcheon et al. 2020) bei, sondern auch tödliche Unfälle sowie eine hohe Häufigkeit pulmonaler und kardiovaskulärer Folgeerkrankungen. Schizophrenie-Betroffene sind beispielsweise häufig Raucher, weisen häufig komorbide Substanzkonsumstörungen auf und entwickeln nicht selten ein metabolisches Syndrom durch eine ungesunde Lebensführung (Kahn et al. 2015).

Über viele Jahrzehnte hinweg wurde angenommen, dass psychotherapeutische Ansätze bei PatientInnen mit psychotischen Störungen entweder unwirksam sind oder sogar vermieden werden sollten (Bechdolf und Klingberg 2014). Diese Annahme konnte jedoch durch die Psychotherapie-Wirksamkeitsforschung der vergangenen 30 Jahre widerlegt werden. Diese hat aufgezeigt, dass verschiedene psychotherapeutische Strategien, ergänzend zur antipsychotischen Medikation, den Krankheitsverlauf signifikant verbessern können (Bechdolf und Klingberg 2014). Es existieren sogar erste Hinweise dahingehend, dass eine psychotherapeutische Monotherapie in ihrer Wirksamkeit der Pharmakotherapie entsprechen könnte (Morrison et al. 2014). Das Vorenthalten einer Medikation galt lange Zeit als ethisch unvertretbar. Doch selbst die aktuellen S-3-Leitlinien erwähnen die Option einer reinen Psychotherapie mit dem Hinweis, dass für eine entsprechende finale Empfehlung allerdings die Datenlage noch zu begrenzt ist (DGPPN, 2019).

Zwischenfazit

Die Schizophrenie zählt zu den schwerwiegendsten psychischen Erkrankungen und zeichnet sich durch eine Vielzahl heterogener Symptome aus, die häufig zu erheblichen sozialen und beruflichen Einschränkungen führen. Neben der medikamentösen Behandlung zeigen psychotherapeutische Ansätze vielversprechende Erfolge, mit ersten Hinweisen auf eine mögliche Wirksamkeit als alleinige Therapie. Im neuen Klassifikationssystem ICD-11 wurde auf eine Unterteilung in Subtypen verzichtet.

2.1 Ätiologie

Die Schizophrenie ist ein komplexes Störungsbild, dessen Ursachen bislang nicht vollständig geklärt sind. Gut belegt ist jedoch, dass ihre Entstehung durch ein Zusammenspiel verschiedener Faktoren geprägt wird. Dabei wirken genetische Vulnerabilitäten und vielfältige Umweltbedingungen wechselseitig aufeinander ein und erhöhen gemeinsam das Erkrankungsrisiko (Hofer und Fleischhacker 2012). Dieses Zusammenspiel wird im Vulnerabilitäts-Stress-Modell abgebildet, das ursprünglich zur Erklärung der Schizophrenie entwickelt wurde und heute als grundlegendes Rahmenmodell für die meisten psychischen Störungen gilt.

Hintergrundinformation

Psychische Störungen entstehen durch das Zusammenspiel von **individueller Prädisposition, d. h. einer Vulnerabilität** (Verletzlichkeit, z. B. genetische Faktoren, Persönlichkeit, frühkindliche Erfahrungen) und **auslösenden Stressoren** (Belastungen, kritische Lebensereignisse). Zusätzlich hängt es vom Vorhandensein von Bewältigungs- und Schutzfaktoren ab, ob eine Störung tatsächlich ausbricht.

Das Modell wurde ursprünglich in den **1970er-Jahren von Zubin und Spring (1977)** entwickelt, vor allem zur Erklärung von **Schizophrenie,** und später auf viele andere psychische Störungen übertragen.

Hintergrundinformation

Obschon es mittlerweile eine Vielzahl von genetischen und neurophysiologischen Befunden gibt, die mit der Schizophrenie assoziiert werden, ist es derzeit nicht möglich, diese Befunde für eine Einzelfalldiagnostik zu nutzen. Die individuelle Vulnerabilität kann nicht direkt gemessen werden, weder zur Erklärung einer konkreten Psychose noch zur Vorhersage ihres Auftretens. Ein wesentlicher Grund hierfür ist die ausgeprägte interindividuelle Variabilität biologischer Systeme, etwa in ihrer Aktivität oder Struktur, die es erschwert, eindeutige krankheitsspezifische Muster abzuleiten.

Konkret bedeutet dies, dass sich genetische oder neurophysiologische Auffälligkeiten nur auf Gruppenebene nachweisen lassen, etwa wenn große Stichproben von Personen mit und ohne Psychose miteinander verglichen werden. Innerhalb dieser Gruppen sind die individuellen Unterschiede jedoch so groß, dass der Wert einer einzelnen Person keine zuverlässige Aussage darüber erlaubt, ob sie der Gruppe der erkrankten oder der gesunden Personen angehört.

In der Zusammenschau bedeutet das, dass die ätiologischen Befunde bezüglich der Schizophrenie zwar viel dazu beitragen, das Störungsbild zu verstehen. Dennoch sind wir heute noch nicht in der Lage, Risikopersonen valide zu identifizieren und mit präventiven Maßnahmen vor dem Ausbruch der Erkrankung zu schützen. Wir können lediglich Risikopersonen identifizieren, wenn wir bspw. eine genetische Vulnerabilität annehmen können, aufgrund eines an Schizophrenie erkrankten Verwandten ersten Grades. Immerhin gibt es Befunde dahingehend, dass bei identifizierten Risikopersonen mit einer Psychotherapie der Ausbruch der ersten psychotischen Episode etwas verzögert werden kann. Das kann hinsichtlich des postpsychotischen soziorehabilitativen Verlaufs einer Person viel Wert sein. Liegt nämlich der Zeitpunkt des psychotischen Ausbruchs in einer kritischen Lebensphase, die darüber entscheidet, ob jemand beispielsweise sein Abitur noch bewältigt oder nicht, können ein paar Monate die Lebensperspektive beeinflussen. So sind die beruflichen Chancen deutlich besser, wenn es vor dem Ausbruch der Störung noch gelingt, einen Abschluss zu absolvieren.

2.1.1 Genetische Einflüsse

Wie nahezu alle psychischen Störungsbilder weisen schizophrene Erkrankungen eine familiäre Häufung auf. Populationsgenetische Studien (d. h. Familien-, Zwillings- und Adoptionsstudien) verweisen auf eine starke genetische Komponente bei Schizophrenie (Yakimov et al. 2023). Das bedeutet, dass die Lebenszeitprävalenz mit der Nähe des Verwandtschaftsgrades zu einem Betroffenen steigt und bei Angehörigen 1. Grades etwa 10-fach höher ist als das Risiko in der Normalbevölkerung (Smeland et al. 2020). Familienstudien belegen, dass die Wahrscheinlichkeit, Schizophrenie von einem betroffenen Elternteil zu erben, bei etwa 13% liegt, während sie bei beiden erkrankten Elternteilen auf 20% ansteigt (Janoutová et al. 2016). Zudem liegt die geschätzte Heritabilität (der erbliche Anteil) der Schizophrenie bei etwa 80% (McCutcheon et al. 2020). In Zwillingsstudien konnte übereinstimmend festgestellt werden, dass eineiige (monozygote) Zwillinge die höchsten Konkordanzraten aufweisen, das heißt, dass mit einer Wahrscheinlichkeit von 50% beide im Laufe ihres Lebens an Schizophrenie erkranken. Deutlich niedriger fallen die Raten bei zweieiigen (dizygoten) Zwillingen aus (ca. 17%), gefolgt von Geschwistern ersten Grades (rund 9%) und Halbgeschwistern (etwa 7%). Entsprechend nimmt mit abnehmender genetischer Verwandtschaft auch die Konkordanzwahrscheinlichkeit weiter ab (Moises und Gottesman 2000). Schizophrenie ist eine polygenetische Erkrankung, bei der nicht ein einzelnes Gen, sondern Hunderte von Genen auf Bevölkerungsebene an der Entstehung beteiligt sind. In genomweiten Assoziationsstudien wurden bisher 108 potenzielle Genorte (loci) identifiziert, die mit Schizophrenie in Verbindung stehen. Die genetische Grundlage ist komplex und Forschungsergebnisse belegen, dass verschiedene Arten genetischer Veränderungen, die unterschiedlich stark zum Erkrankungsrisiko beitragen, mit Schizophrenie assoziiert sind (Janoutová et al. 2016; Smeland et al. 2020). Einigen Risikogenen wurde eine besondere Bedeutung zugesprochen, darunter dem Neuregulin 1 (NRG1), Disrupted in schizophrenia 1 (DISC1), Zink-Finger-Protein 804A (ZNF804A) und Transkriptionsfaktor 4 (TCF4; Schmitt et al. 2011). Zudem wurde belegt, dass Schizophrenie genetische Korrelationen mit anderen psychischen Erkrankungen aufweist, insbesondere mit der bipolaren Störung ($r = .70$) und der schweren Depression ($r = .32$; Smeland et al. 2020). Die genetischen Überschneidungen und das Fehlen klarer Grenzen zwischen den Störungsbildern, weisen auf mögliche gemeinsame zugrunde liegende Mechanismen hin. Gleichzeitig zeigen sich deutliche Unterschiede, da beispielsweise bestimmte Schizophrenie-Risikogene mit charakteristischen kognitiven Beeinträchtigungen assoziiert sind. Bei der Bipolaren Störung fehlt eine solche genetische Verbindung, was auf klare genetische Differenzen zwischen den beiden Erkrankungen hindeutet (Smeland et al. 2020). Die genetische Disposition ist jedoch nur ein Teil der Entstehungsbedingungen. Vulnerabilitätssteigernde Gene und verschiedene externe Risikofaktoren, etwa Geburtskomplikationen, hohes väterliches Alter, Drogenkonsum, das Aufwachsen in Großstädten, eine niedrige Intelligenz, ZNS-Infektionen in der Kindheit sowie Infektionen oder ausgeprägte Mangelernährung der Mutter während der Schwangerschaft, tragen jeweils zu einer epidemiologisch gut nachvollziehbaren, nahezu linearen Erhöhung des Krankheitsrisikos bei (Falkai und Maier 2006). Um die Diagnostik weiter zu präzisieren, sind daher spezifische Risikoprofile und eine differenzierte Bewertung dieser Einflussfaktoren notwendig (Owen et al. 2016).

2.1.2   Prä- und Perinatale Risiken

Zur Entstehung der Schizophrenie scheinen neben genetischen Faktoren auch Schwangerschafts- und Geburtskomplikationen beizutragen. Im perinatalen Zeitraum zeigt der aktuelle Forschungsstand, dass verschiedene Infektionen, wie maternale Influenza-, Masern- und Röteln-Infektionen während der Schwangerschaft und auch danach mit der späteren Entstehung von Schizophrenie in Verbindung gebracht werden. Alle bekannten Virusinfektionen können bei der Krankheitsentstehung eine Rolle spielen, aber auch Bakterien und Protozoen, insbesondere Toxoplasma gondii, werden hierbei oft diskutiert (Hagberg et al. 2012). Durch Infektionen kann es zu Schäden der weißen Substanz kommen sowie zu Störungen der Entwicklung der Oligodendrozyten im Corpus callosum und anderen Leitungsbahnen des Gehirns (Löhrs und Hasan 2019). Eine Metaanalyse über die Rolle pränataler Infektionen ergab, dass Kinder von Müttern, die während der Schwangerschaft eine Infektion im Bereich der Geschlechtsorgane erlitten, ein zwei- bis fünffach erhöhtes Risiko aufwiesen, später eine Schizophrenie zu entwickeln. Allerdings zeigten die einbezogenen Studien hierbei eine erhebliche Ergebnisstreuung (Khandaker et al. 2013). In einer weiteren Metaanalyse wurde auf Grundlage zweier Kohortenstudien (mit insgesamt 2424 Fällen und 1,2 Mio. Kontrollpersonen) festgestellt, dass virale ZNS-Infektionen mit nahezu einer Verdopplung des Risikos für eine spätere psychotische Erkrankung assoziiert sind (Khandaker et al. 2012). Ein weiterer Risikofaktor sind Hungerepisoden und Mangelernährung vor oder während der Schwangerschaft. Studien legen nahe, dass ein Defizit an Vitamin D, Folsäure und Eisen sowie diätetische Einschränkungen die Entwicklung der Schizophrenie beeinflussen können (Davis et al. 2016). Es gibt Hinweise darauf, dass ein erhöhter Homocysteinspiegel im mütterlichen Plasma während des dritten Trimesters als indirekter Marker für einen Folsäuremangel, ebenso wie das Vorliegen einer Anämie mit einem zwei- bis vierfach gesteigerten Risiko für die Entwicklung einer Schizophrenie bei den Nachkommen assoziiert ist (McGrath et al. 2011). Dieser Zusammenhang bleibt auch nach Kontrolle potenzieller Einflussfaktoren wie ethnischer Zugehörigkeit und Bildungsniveau bestehen, auch wenn die zugrunde liegenden Mechanismen bislang nicht vollständig erklärt sind. Darüber hinaus existieren zahlreiche weitere Theorien, die auf komplexe Zusammenhänge zwischen pränatalen Ernährungsfaktoren und der Entstehung schizophrener Störungen hinweisen. Diskutiert werden unter anderem mögliche epigenetische Mechanismen (z. B. Veränderungen der DNA-Methylierung; Kirkbride et al. 2012), Einflüsse von Mikronährstoffmangel, wie etwa ein Folsäuremangel, Störungen der serotonergen und dopaminergen neuronalen Entwicklung sowie

Zusammenhänge mit metabolischen Veränderungen während der Schwangerschaft, etwa durch Übergewicht oder Schwangerschaftsdiabetes (Van Lieshout et al. 2011; Van Lieshout und Voruganti 2008). Obwohl erste Befunde wichtige Hinweise liefern, bedarf es weiterer Langzeitstudien, um diese Ansätze empirisch zu untermauern und ihre Bedeutung für die Pathogenese der Schizophrenie abschließend zu klären. Auch äußere Stressoren der Mutter, wie der Tod eines Angehörigen, Naturkatastrophen oder Kriegserfahrungen, führen während der Schwangerschaft zu einem erhöhten Schizophrenierisiko. Es gibt Hinweise darauf, dass die Folgen von Stress eine erhöhte Ausschüttung von Stresshormonen, eine veränderte subkortikale Dopaminausschüttung und Veränderungen der Genexpression sind (Markham und Koenig 2011). Als zentraler perinataler Risikofaktor wird die fetale Hypoxie (Sauerstoffmangel) für die Entstehung einer späteren Schizophrenie genannt, die zu erweiterten Ventrikelräumen und einer Reduktion des kortikalen Volumens der grauen Substanz und des Hippocampus führt (Cannon et al. 2002). Weitere Risikofaktoren sind Präeklampsie, Vakuumextraktion und die Frühgeburt (McCutcheon et al. 2020).

2.1.3 Neurophysiologische Hypothesen: Dopaminhypothese und Glutamathypothese

Neurotransmittersysteme sind sicherlich nicht ätiologisch ausschlaggebend. Aber genetisch bedingte Veränderungen in bestimmten Systemen sind vermutlich mit Symptomen der Schizophrenie assoziiert. Auf derartigen Befunden gründet letztlich auch die Pharmakotherapie, die eine Modulation bestimmter Neurotransmitter beabsichtigt (Gallinat und Gudlowski 2018). Die klassische und älteste Hypothese zur biologischen Grundlage der Schizophrenie ist die Dopaminhypothese. Sie geht davon aus, dass die positiven Symptome der Schizophrenie (bspw. Halluzinationen oder Wahnvorstellungen) durch eine Überaktivität des Botenstoffs Dopamin in der mesolimbischen Dopaminbahn entstehen (Howes et al. 2015). Diese Bahn entspringt im ventralen Tegmentum, projiziert in das ventrale Striatum und mündet insbesondere im Nucleus accumbens. Gleichzeitig geht die Dopaminhypothese davon aus, dass im präfrontalen Kortex eine verminderte Dopaminaktivität vorliegt. Dies wird mit dem Auftreten von Negativsymptomen (Affektverflachung, Anhedonie) sowie kognitiven Defiziten assoziiert (Gallinat und Gudlowski 2018). Die Überaktivität im mesolimbischen System erklärt sich vor allem durch eine vermehrte Zahl und erhöhte Empfindlichkeit von Dopamin-D2-Rezeptoren sowie teilweise durch eine verstärkte Ausschüttung von Dopamin (Seeman 2011). Die Dopaminhypothese stellte über Jahrzehnte hinweg das Leitmodell der Forschung und zentrale Erklärungsmodell der heutigen Pharmakotherapie dar. Auf ihrer Grundlage wurden die ersten Antipsychotika entwickelt. Bis heute zählt sie zu den experimentell am besten abgesicherten neurobiologischen Modellen der Schizophrenie (Gallinat und Gudlowski 2018). Formuliert wurde die Dopaminhypothese in den 1950er-Jahren nach der Einführung von Chlorpromazin, dem ersten antipsychotisch wirksamen Medikament. Dieses wirkt als dopaminerger Antagonist, das heißt, es hemmt die Wirkung des Botenstoffs Dopamin an seinen Rezeptoren (Braslow und Marder 2019). Die Beobachtung, dass ein solcher Antagonist zur Reduktion von Positivsymptomen beiträgt, bestärkte die Annahme, dass die Symptome durch einen Dopaminüberschuss entstehen (Seeman 2011). Das heißt, die Behandlung mit Dopaminantagonisten basiert auf dem dopaminergen Überschuss im mesolimbischen System. Der gleichzeitige Dopaminmangel in den präfrontalen Regionen, der mit Negativsymptomen und kognitiven Defiziten assoziiert ist, kann durch solche Antagonisten jedoch weiter verstärkt werden, was zu einer pharmakogen bedingten Verschlechterung dieser Symptome führt. Heute wird die Dopaminhypothese differenzierter betrachtet. Erstens dürfte die Neurotransmitteraktivität nicht ätiologisch relevant sein, sondern lediglich ein biologisches Korrelat der Symptome darstellen. Zweitens greift angesichts der Komplexität der Schizophrenie die Erklärung über einen reinen Dopaminüberschuss zu kurz, da weder die Negativsymptome noch die kognitive Defizite oder die depressive Symptome bei Betroffenen im Modell der Dopaminhypothese adäquat erfasst und ausreichend erklärt werden (Howes und Kapur 2009). Betrachtet man den affektiven Störungskreis, so zeigen Studien beispielsweise, dass sich eine dopaminerge Überaktivität im Striatum bei affektiven Psychosen nicht nachweisen lässt, wohl aber im Rahmen der Schizophrenie (Howes und Kapur 2009). Auch Weiterentwicklungen der Hypothese, die genetische und Umweltfaktoren sowie präsynaptische dopaminerge Überaktivität in subkortikalen Arealen berücksichtigen, können die Pathobiologie der Schizophrenie nicht vollständig abbilden (Howes et al. 2012). Dies machte die Entwicklung weiterer Behandlungsstrategien notwendig, um alle Symptomdomänen der Schizophrenie abzudecken. Auch die Beobachtung, dass Medikamente ohne direkten Dopaminantagonismus antipsychotisch wirken können, führte zu einer Erweiterung der Dopaminhypothese, insbesondere hin zur Glutamathypothese. In diesem Zusammenhang wurde vor allem das Medikament Clozapin diskutiert, das unter anderem eine glutamaterge Affinität aufweist, wenig mit dem dopaminergen System assoziiert ist und dennoch eine ausgesprochen starke antipsychotische Wirkung auf Positivsymptome zeigt. Die weiterführende Forschung zum glutamatergen System liefert jedoch vor allem Hinweise auf Zusammenhänge mit Negativsymptomen und kognitiven Defiziten:

Glutamat ist ein exzitatorischer Neurotransmitter im zentralen Nervensystem (ZNS) und vermittelt seine Wirkung über zahlreiche ionotrope (NMDA-R, AMPA-R und Kainat-R) und metabotrope (mGlul – mGlu8) Rezeptoren (Belsham 2001). Rund 70% der Synapsen verwenden Glutamat als Neurotransmitter, und nahezu alle Neuronen im ZNS exprimieren Glutamatrezeptoren (Gallinat und Gudlowski 2018). Die Glutamathypothese der Schizophrenie dient mehr der Erweiterung, weniger einer alternativen Darstellung der Dopaminhypothese und versucht, die biologischen Grundlagen der Negativsymptome und kognitiven Defizite zu erklären (Köhler 2019). Dabei geht das Modell von einer glutamatergen Unteraktivität kortikaler Neurone als Erklärungsursache aus. Verkürzt dargestellt, entsteht die Schizophrenie durch eine, meist genetisch bedingte Unterfunktion der NMDA-Rezeptoren (Subtyp des ionotropen Glutamatrezeptors), insbesondere derjenigen an GABAergen Neuronen im Frontallappen (Köhler 2019). Bei unzureichender Aktivierung der Rezeptoren fällt ihre hemmende Wirkung auf andere Nervenzellen weg, was eine Überaktivität glutamaterger Netzwerke und eine Dysregulation anderer Transmittersysteme, insbesondere des dopaminergen Systems, zur Folge hat. Veränderungen des NMDA-Rezeptors werden insbesondere mit Negativsymptomen assoziiert (Kikuchi 2020). Die ersten Zusammenhänge mit dem glutamatergen System in der Schizophrenie basierten auf Beobachtungen, dass eine Blockade des NMDA-Rezeptors durch Antagonisten wie Ketamin (Anästhetikum) und Phencyclidin (PCP; Droge), bereits nach einmaliger Einnahme bei gesunden Menschen psychotische Symptome auslösen können. Dabei traten nicht nur die typischen Positivsymptome auf, sondern insbesondere Negativsymptome und Störungen der kognitiven Funktionen. Auf Grundlage dieser ersten Beobachtungen folgten eine Reihe an Befunden von Tiermodellen, neuropathologischen Untersuchungen, spektroskopischen Analysen und Magnetresonanztomografie(MRT)-basierten strukturellen und funktionellen Untersuchungen, die zusammen die glutamaterge Hypothese der Schizophrenie stützen (Hasan et al. 2014). Zu Anfangszeiten wurde nur eine Hypofunktion der NMDA-Rezeptoren als ätiologische Komponente der Schizophrenie angenommen. Die heutige Glutamathypothese hingegen geht davon aus, dass entweder eine glutamaterge Unterfunktion oder ein gestörtes Gleichgewicht zwischen dem exzitatorischen Glutamat- und dem inhibitorischen GABA-System zur Entstehung der Symptome beiträgt. Dies kann sowohl zu einer kortikalen Minderaktivität des Dopaminsystems als auch zu einer Überaktivität im Striatum führen (Paz et al. 2008). Glutamat entfaltet einerseits eine direkte exzitatorische Wirkung, wirkt andererseits jedoch über hemmende GABAerge Interneurone indirekt inhibitorisch auf dopaminerge Neurone und damit auf die Dopaminausschüttung (Duarte und Xin 2019). Die Komplexität der Pathophysiologie der Schizophrenie zeigt sich weiterhin darin, dass trotz eines scheinbar klaren Modells bislang alle Versuche, daraus wirksame Psychopharmaka zu entwickeln, nach wie vor nicht derart befriedigend sind, als dass man sich damit begnügen könnte. Weitere neurophysiologische Systeme, die mit dem Auftreten bestimmter Symptome postuliert werden, sind das serotonerge System und insbesondere auch das endocannabinoide System.

2.1.4   Exogene Faktoren: Frühe Traumatisierung und adoleszenter Cannabiskonsum

Entsprechend dem Vulnerabilität-Stress-Modell gelten allgemein kritische Lebensereignisse, sogenannte „Life-Events" wie ein Arbeitsplatzverlust, eine Scheidung oder Todesfälle, als Risikofaktoren für die Auslösung psychotischer Störungen bei vorhandener Vulnerabilität. Solche Ereignisse sind häufig mit erhöhtem Stress und einer notwendigen Anpassung an die veränderten Lebensumstände verbunden (Clamor et al. 2020; Falkai et al. 2017). Retrospektive Studien zeigen, dass Betroffene von einer Häufung kritischer Lebensereignisse vor dem Auftreten einer psychotischen Episode berichten (Phillips et al. 2007). Dies legt nahe, dass Life-Events einen Einflussfaktor bei der Entwicklung psychotischer Störungen darstellen könnten. Weitere Risikofaktoren sind ein Migrationsstatus oder die Zugehörigkeit zu einer Minderheit sowie die am häufigsten konsumierte psychoaktive Substanz Cannabis (Löhrs und Hasan 2019).

Die Parameter, die besonders stabil als kritische Einflussfaktoren repliziert wurden, sind eine frühe Traumatisierung (Kindheitstrauma) und der Konsum von Cannabis mit Beginn in der Adoleszenz. Woran das liegt, versucht die Neuroentwicklungshypothese zu klären. Die Neuroentwicklungshypothese geht davon aus, dass spezifische Risikogene bereits in der vulnerablen pränatalen Entwicklungsphase des Gehirns mit eine von der Norm abweichenden Gehirnentwicklung assoziiert sind, die das Schizophrenierisiko erhöht (Murray et al. 2017). Obschon es bis zum Ausbruch einer Schizophrenie noch viele Jahre dauert, finden somit pränatal bereits erste kritische Weichenstellungen auf dem Weg zur Psychose statt. Weitere risikosteigernde Einflussfaktoren scheinen solange relevant, wie sich das Gehirn in der Entwicklungsphase befindet. Das Gehirn scheint also besonders sensibel auf Störfaktoren zu reagieren, solange es noch nicht vollständig ausgereift ist. Daher ist das Erleben von traumatischem Stress, insbesondere in der Kindheit, kritisch und konnte mit einem erhöhten späteren Schizophrenierisiko assoziiert werden.

Zur Spezifität früher Traumatisierung

Traumatisierungen in frühen Lebensphasen, d. h. in der Kindheit, werden nicht nur im Zusammenhang mit Schizophrenien, sondern bei nahezu allen psychischen Störungen als Risikofaktoren identifiziert. Unabhängig von der psychischen Diagnose finden sich in der Forschung regelmäßig Hinweise darauf, dass frühe traumatische Erlebnisse in der Kindheit die spätere psychische Vulnerabilität wesentlich mitbestimmen. Das bedeutet, dass die Veränderungen weiterer Entwicklungsprozesse bei betroffenen Individuen eher unspezifisch sind, d. h. das Risiko für das Auftreten psychischer Störungen relativ global erhöhen. Es scheint somit so etwas wie eine **_störungsunspezifische Vulnerabilität_** zu geben. Ob sich daraus in der Folgezeit eine Schizophrenie, eine Depression oder eine Angststörung entwickelt, scheint von weiteren Einflussfaktoren (möglicherweise der genetischen Disposition) abzuhängen.

Zusammenfassend ist frühe Traumatisierung somit ein ziemlich einflussreicher, aber bezüglich konkreter Störungsbilder ein unspezifischer Einflussfaktor. Ebenso ist die Frage, ob eine psychotische Störung auch aufgetreten wäre, ohne das frühe Erleben eines Traumas. Dies kann nur spekulativ beantwortet werden. Fakt ist, dass ein Trauma lediglich bei einer posttraumatischen Störung als obligate Bedingung gilt.

Eine besonders sensible Entwicklungsphase des menschlichen Gehirns ist zudem die Adoleszenz. Bestimmte Belastungsfaktoren, wie der Konsum von Cannabis, scheinen das Risiko einer späteren Schizophrenie vor allem dann zu erhöhen, wenn sie das Gehirn in dieser Lebensphase beeinflussen. Sowohl Traumatisierung als auch Cannabiskonsum wirken dabei besonders pathologisch, wenn das Gehirn aufgrund genetischer Prädisposition eine erhöhte Vulnerabilität aufweist (Schmitt et al. 2014). Zur Frage der Spezifität von Traumatisierung und Cannabiskonsum hinsichtlich der Schizophrenie gilt jedoch wie bereits zuvor für traumatischen Stresses beschrieben, dass nicht nur das Schizophrenierisiko erhöht ist. Auch das Risiko für die Entwicklung anderer psychischer Störungen ist aufgrund von Cannabiskonsum erhöht. Zweitens dürften in Anlehnung an das Vulnerabilitäts-Stress-Modell auch andere Stressoren als Auslösefaktoren für Schizophrenien infrage kommen. Eine Metaanalyse liefert überzeugende Hinweise darauf, dass nicht nur traumatische Erfahrungen in der Kindheit wie körperliche Gewalt oder sexueller Missbrauch mit einem signifikant erhöhten Risiko für die Entwicklung einer Psychose im Erwachsenenalter verbunden sind. Ebenso bedeutsam sind nicht dem Traumakriterium entsprechende Belastungen wie Vernachlässigung und Mobbing (Varese et al. 2012). Dennoch ist natürlich die traumatische Erfahrung ein ganz besonders prägender Stressfaktor, der bei gegebener Vulnerabilität zum Ausbruch psychischer Störungen stark beiträgt. In einer Untersuchung berichteten 86% der TeilnehmerInnen mit einer schizophrenen Erkrankung, in der Vergangenheit mindestens ein traumatisches Erlebnis erfahren zu haben (Hardy et al. 2016).

Trauma und Cannabiskonsum – Vulnerabilitäts- oder Stressfaktoren?
Eine interessante Frage ist, ob Traumata und der Konsum von Cannabis hinsichtlich der Einordnung im Vulnerabilitäts-Stress-Modell als Vulnerabilitäts- oder Stressfaktoren zu verstehen sind.

Beides ist möglich und plausibel: Wenn das Trauma früh erfolgt und analog der Cannabiskonsum während der Adoleszenz nachhaltig in die weitere Hirnentwicklung eingreift, kann von Vulnerabilitätsfaktoren gesprochen werden. Denn beide Faktoren erhöhen das Risiko einer Erkrankung, obschon sie noch nicht direkt ausgebrochen ist.

Wenn nun bei gegebener Vulnerabilität im etwas späteren Lebensalter erneut ein Trauma erlebt wird und dadurch eine Psychose ausgelöst wird, kann von einem auslösenden Stressor gesprochen werden. Analog kann der fortgesetzte Cannabiskonsum als auslösender Stressor verstanden werden, wenn dieser beispielsweise in einem Alter von 19 Jahren die Psychose auslöst.

2.1.4.1 Exkurs zur Bedeutung des Cannabiskonsums

Substanzkonsum ist bei schizophrenen PatientInnen weit verbreitet. Insbesondere in der Subgruppe jüngerer PatientInnen ist Cannabis die am häufigsten konsumierte Droge (Argote et al. 2023; Large et al. 2011). Prospektive epidemiologische Studien verdeutlichen die bedeutende ätiologische Rolle des Cannabiskonsums bei Schizophrenie (Di Forti et al. 2015; Hiemstra et al. 2018; van Os et al. 2002). Interessant und nicht gänzlich verstanden ist dabei, dass Cannabis primär mit der Entwicklung von Positivsymptomen assoziiert scheint. Vergleicht man Cannabiskonsumierende Menschen mit Schizophrenie mit abstinenten Erkrankten, findet sich bei den KonsumentInnen ein spezifisches Symptomprofil mit mehr Positiv- und weniger Negativsymptomen. Auch scheinen die neurokognitiven Defizite bei den konsumierenden PatientInnen geringer ausgeprägt (Argote et al. 2023). Letzteres ist kontraintuitiv, da es bei gesunden KonsumentInnen umgekehrt ist; hier finden sich stärkere kognitive Defizite. Ob die geringeren Defizite bei KonsumentInnen mit Schizophrenie jedoch mit dem Cannabis assoziiert sind, oder ob umgekehrt eine Subgruppe von Menschen mit geringeren Defiziten durch Cannabiskonsum in die Psychose gebracht werden, wird kontrovers diskutiert (Schnell et al. 2009, 2012). Bezüglich Cannabis weist insbesondere das psychoaktiv wirksame THC (Δ9-Tetrahydrocannabinol) ein hohes propsychotisches Potenzial auf (während ein anderes Cannabinoid, das Cannabidiol, sogar einen gewissen therapeutischen Effekt bei Psychosen zeigt). Da THC jedoch die gewünschte Rauschwirkung erzeugt, wird Cannabis nicht aufgrund des Cannabidiols, sondern aufgrund seines THCs konsumiert. Folglich besteht insbesondere bei den hochpotenten Cannabissorten und neuen synthetischen THC-Analoga das höchste Risiko, eine Psychose zu entwickeln (Murray et al. 2016). Das Risiko wird durch den Cannabiskonsum um ca. 40% erhöht und hängt maßgeblich von der Intensität des Konsums, der Potenz des verwendeten Produkts sowie dem Zeitpunkt des Beginns des Konsums ab (Di Forti et al. 2015). Je früher Menschen mit dem Konsum von Cannabis beginnen, desto höher ist das Risiko, später an Schizophrenie zu erkranken. Dies gilt zumindest bis zu dem Alter, ab dem das Gehirn weitgehend ausgereift ist. Dieses wird um das 16. Lebensjahr herum verortet. Konsum vor diesem Lebensjahr scheint irreversibel in die Hirnentwicklung einzugreifen und somit das Psychoserisiko zu erhöhen. Bei Konsumbeginn nach diesem Lebensalter konnte kein erhöhtes Psychoserisiko mehr identifiziert werden (Arsenault et al. 2002). Dabei ist insbesondere ein neurobiologisches System relevant, die für die Wirkung des Cannabis verantwortlich ist, und die gleichzeitig mit der Ätiologie von Schizophrenie assoziiert wird: Das sogenannte endogene (körpereigene) CannabinoidSystem (ECS). Die Forschung über die Wirkung von exogenen Cannabinoiden, die durch den Cannabiskonsum in den Körper gelangen, hat zur Entdeckung dieses Systems geführt. Das Endocannabinoid-System (ECS) besteht aus einem Netzwerk spezifischer Rezeptoren im Gehirn. Diese existieren selbstverständlich nicht, damit der Mensch Cannabis konsumieren kann, sondern dienen der Verarbeitung körpereigener Cannabinoide (endogener Cannabinoide), die physiologisch produziert werden (Mechoulam und Parker 2013). Doch auch exogene Cannabinoide, die also durch den Cannabiskonsum in den Körper gelangen, binden an diese Rezeptoren und entfalten dort ihre Wirkung. Es existieren zwei Haupttypen von Cannabinoid-Rezeptoren: Der CB1-Rezeptor, der überwiegend im zentralen Nervensystem lokalisiert ist und Bereiche wie das Kleinhirn, die Basalganglien und den Hippocampus beeinflusst. Interessanterweise befindet sich dieser Rezeptor auf Nervenzellen, die eigentlich andere zentrale Transmittersysteme im Gehirn regulieren, wie das erregende Glutamat-System und das hemmende GABA-System. Der zweite Rezeptortyp, der CB2-Rezeptor, ist vorwiegend im Immunsystem zu finden und spielt eine wesentliche Rolle bei der Regulierung der Immunantwort (Mechoulam und Parker 2013). Schizophrenie PatientInnen weisen unabhängig von ihrem Cannabiskonsum eine erhöhte Dichte von Cannabinoidrezeptoren sowie erhöhte Endocannabinoidspiegel auf (Weiser und Noy 2005). Diese Dysregulation des endogenen Cannabinoidsystems könnte die gesteigerte Anfälligkeit für Cannabiskonsum erklären, insbesondere in der Adoleszenz als möglichen Versuch, die gestörte Funktion des ECS zu regulieren. Vor diesem Hintergrund vermuten AutorInnen, dass ein früher und intensiver Cannabiskonsum bereits als prodromales Anzeichen einer beginnenden komplexen psychotischen Entwicklung betrachtet werden kann (Ksir und Hart 2016). Auch Befunde zur Bedeutung von synaptischem Pruning bezüglich der Schizophrenie (Sekar et al. 2016) unterstützen die Annahme einer gemeinsamen Bedeutung des ECS für sowohl Schizophrenien als auch Cannabiskonsum. Die Autoren analysierten das Erbgut von über 150.000 Menschen. Davon waren 37.000 Menschen an Schizophrenie erkrankt. Innerhalb dieser Subgruppe stach aus der Menge verschiedener Risikogene ein Gen besonders heraus: der sogenannte C4-Gen-Polymorphismus. Neben einer Funktion im Kontext des Immunsystems reguliert er das synaptische Pruning bzw. die Apoptose. Dies ist ein Prozess, der in der frühen Kindheit sowie in der Adoleszenz die Funktionsfähigkeit des Gehirns steigert, da überflüssige synaptische Verbindungen gelöscht und wichtige Verbindungen gestärkt werden. Beteiligt an dem Prozess sind die Neuronen, auf denen das ECS seinen Sitz hat, sodass plausibel ist, dass Cannabiskonsum den Pruningprozess beeinflusst: *GABAerge* und *glutamaterge Neuronen* (Bossong und Niesink 2010). Bei Menschen, die in der Folgezeit an Schizophrenie erkranken, scheint der Pruning-Prozess in der Adoleszenz (d. h. wenige Jahre vor der ersten Episode) pathologisch überreguliert zu sein. Es wird daher von „Overpruning" gesprochen. Overpruning bedeutet, dass nicht nur irrelevante Verbindungen, sondern auch wichtige funktionale Verbindungen beseitigt werden, und das Gehirn stark an Substanz verliert. Dieser Verlust von Hirnsubstanz in der Vorphase der ersten psychotischen Episode ist schon lange bekannt, es fehlte nur an einer Erklärung dafür. Von toxischen bis hin zu früh-dementen Prozessen wurde viel diskutiert. Overpruning scheint die adäquate Erklärung zu sein (Sekar et al. 2016). Die Bedeutung des Cannabiskonsums lässt sich dabei aus einem Befund von ansonsten gesunden Cannabiskonsumenten ableiten, bei denen der Konsum den Pruningprozess negativ beeinflusste (Lubman et al. 2015). Studien zum Pruning spezifisch für PatientInnen mit Schizophrenie und Cannabiskonsum liegen bislang nicht vor. Die genannten Zusammenhänge implizieren jedoch, dass Störungen im ECS sowohl mit frühen hirnfunktionellen und -strukturellen Veränderungen im Rahmen der psychotischen Entwicklung assoziiert sein können, als auch mit Cannabiskonsumbeginn in der Adoleszenz, um die endocannabinoide Dysfunktion zu kompensieren. Möglicherweise fungiert auf der genetischen Ebene der C4-Genpolymorphismus als der gemeinsame zugrunde liegende biologische Faktor für Schizophrenie und Cannabiskonsum. Dazu passt auch der oben genannte Befund von Anomalien im ECS bei Schizophrenien, unabhängig davon, ob sie Cannabis konsumieren oder nicht. Ein Risiko für frühen Konsumbeginn und außergewöhnlich intensiver Cannabiskonsum könnte somit als ein Merkmal einer gemeinsamen Vulnerabilität darstellen (Ksir und Hart 2016).

2.1.5 Gen-Umwelt-Interaktion und Epigenetik

Mittlerweile konnten Interaktionseffekte zwischen bestimmten Genen und exogenen Einflüssen identifiziert werden, die das spätere Schizophrenierisiko deutlich erhöhen. Das Risiko für Schizophrenie erklärt sich damit nicht lediglich durch die

Addition von Risikofaktoren bei einer gegebenen genetischen Vulnerabilität. Stattdessen kommt eine weitere Komponente hinzu: Interaktionseffekte zwischen Genen und Umweltfaktoren sowie epigenetische Veränderungen.

Epigenetische Prozesse

Epigenetik beschreibt eine Modifikation genetischer Aktivität, ohne dass dabei die DNA-Sequenz selbst verändert wird. Die Gene bleiben folglich unverändert. Die Umwelteinflüsse beeinflussen aber, ob die Gene aktiviert werden, d. h. abgelesen werden und es so zu einer Genexpression kommt oder nicht. Auch die Intensität der Genaktivität kann durch Umwelteinflüsse verändert werden. Dies erfolgt, indem sogenannte chemische Markierungen an der DNA verändert werden (Methylierung) sowie durch Veränderungen an Eiweißen, um die DNA gewickelt ist.

Das ist eine ziemlich gute Nachricht. Denn sie bedeutet, dass wir unseren Genen nicht hilflos ausgeliefert sind. Sondern wir können durch die Steuerung von Umgebungsfaktoren Einfluss nehmen. Die weniger gute Nachricht ist, dass bis dato nicht bekannt ist, was exakt jemand tun muss, um bestimmte Genexpressionen zu steuern. Und so kommen wir wieder auf Dinge zurück, die wir bereits vorher wussten. Gesund leben und Sport treiben ist gut. Das scheinen auch unsere Gene zu präferieren.

Das Risiko, eine Psychose zu entwickeln, steigt somit mit der Anhäufung zahlreicher genetischer Risikovarianten sowie mit der gleichzeitigen Exposition gegenüber mehreren ungünstigen Umweltfaktoren. Zudem hängt die Auswirkung von Umwelteinflüssen vermutlich von genetischen Voraussetzungen ab, und umgekehrt hängt die Genexpression wiederum davon ab, welchen Umwelteinflüssen eine Person ausgesetzt ist (Zwicker et al. 2018). Alles in allem handelt es sich um eine hoch komplexe Dynamik, und wir verstehen immer mehr, warum es so schwierig ist, die Schizophrenie zu verstehen.

Folgende Gene wurden in Interaktion mit Umweltfaktoren mit einem **erhöhten Psychoserisiko** assoziiert: Einer der ersten beschriebenen Gen-Umwelt-Wechselwirkungen bei psychotischen Störungen betrifft das Catechol-O-Methyltransferase (COMT-)Gen, das für ein Enzym verantwortlich ist, welches Dopamin abbaut – einen zentralen Neurotransmitter in der Entstehung positiver Psychosesymptome. An einer bestimmten Stelle des Gens (SNP rs4680, VAL158Met) kann entweder Valin (Val) oder Methionin (Met) vorliegen, wobei die Val-Variante zu einem effizienteren Enzym und die Met-Variante des Gens zu einem weniger effizienten Enzym führt (Uher 2014). In der Studie von Caspi und Kollegen wurde herausgefunden, dass Jugendliche, die Cannabis konsumieren und gleichzeitig die effizientere Val-Variante in sich tragen, nach dem Cannabiskonsum ein erhöhtes Risiko haben, psychotische Symptome zu entwickeln (Caspi et al. 2005), da die Val-Variante des Gens empfindsamer ist. Die Ergebnisse blieben in darauffolgenden Studien unstimmig, da nicht alle Studien diese Befunde stützen konnten (Costas et al. 2011; De Sousa et al. 2015). Jüngere Daten deuten jedoch darauf hin, dass eine tatsächliche Interaktion zwischen dem COMT-Gen und Cannabiskonsum bestehen könnte. Der Ansatz wurde dahingehend erweitert, dass zusätzlich zum Cannabiskonsum im Jugendalter auch Kindesmisshandlung für die Ätiologie psychotischer Störungen relevant sein könnte. Alemany und Kollegen berichteten über eine dreiseitige Wechselwirkung zwischen dem COMT-Genotyp-Val-Allelen, Kindesmisshandlung und Cannabiskonsum im Jugendalter (Alemany et al. 2014). Diese dreifache Wechselwirkung wurde auch von anderen ForscherInnen in einer unabhängigen Studie bestätigt (Vinkers et al. 2013). In einer früheren Studie von Alemany und Kollegen (2011) fand die Forschungsgruppe heraus, dass traumatische Kindesmisshandlungen als alleiniger Umweltfaktor psychotische Symptome auslösen können und hierbei das BDNF-Gen [Val66Met (rs6265)] eine wichtige Rolle spielt. Weitere Befunde in systematischen Untersuchungen zeigten eine Gen-Umwelt-Interaktion zwischen Cannabiskonsum und einer genetischen Variante (SNP) im AKT1-Gen. Dieses Gen kodiert ein Enzym (eine Serin/ Threonin-Kinase), das an der Signalübertragung nach Aktivierung des Cannabinoid-rezeptors beteiligt ist (van Winkel 2011). Ergebnisse haben gezeigt, dass Menschen, die zwei Kopien des C-Allels (C/C) an einer bestimmten Stelle (rs2494732) im AKT1-Gen haben, empfindlicher für die psychoseauslösenden Effekte von Cannabis sind. In einer Folgestudie wurde festgestellt, dass Personen mit diesem C/C-Genotyp, die täglich Cannabis konsumieren, ein siebenfach erhöhtes Risiko haben, eine Psychose zu entwickeln (Forti et al. 2012). Eine zweite unabhängige Studie konnte dieses Ergebnis bestätigen, sodass von einer recht verlässlichen Gen-Umwelt-Wechselwirkung ausgegangen werden kann (Forti et al. 2012; Morgan et al. 2016). Hinsichtlich weiterer Kandidatgenen, die mit traumatischen Erlebnissen und psychotischen Symptomen im Zusammenhang stehen, wurde das FKBP5-Gen berichtet. Bestimmte Varianten dieses Gens wurden mit einer erhöhten Anfälligkeit für eine posttraumatische Belastungsstörung (PTBS) in Verbindung gebracht, wenn in der Kindheit Misshandlungen erlebt worden sind (Binder et al. 2008). Dieselben FKBP5-Varianten in Kombination mit Misshandlungserfahrungen wurden zudem mit psychotischen Symptomen im Erwachsenenalter assoziiert (Collip et al. 2013). Zuletzt ist das mit am besten untersuchte Gen das SCL6A4-Gen, welches den Serotonintransporter kodiert. Menschen mit kurzen Allelen entwickeln nach Misshandlungserfahrungen in der Kindheit häufig eine anhaltende depressive Störung (Brown et al. 2013; Caspi et al. 2003). Aas et al. (2013) zeigten zudem, dass kurze Allele in Kombination mit körperlicher Misshandlung bei PsychosepatientInnen mit kognitiven Beeinträchtigungen assoziiert ist.

2.2 Epidemiologie

Schizophrenie ist eine Störung, die etwa 1% der Weltbevölkerung betrifft. Laut Angaben der World Health Organization (WHO) erfüllen weltweit rund 26 Mio. Menschen die Diagnosekriterien für Schizophrenie, darunter etwa 4,4 Mio. in Europa (WHO 2008). Obschon Schizophrenien in allen Ländern und Kulturen eine vergleichsweise stabile Verteilung aufweisen (Caspar et al. 2018; McCutcheon et al. 2020), zeigen sich gewisse regionale Unterschiede in ihrem Auftreten. In ländlichen Gebieten sind Inzidenzraten niedriger als in der Stadt und in Entwicklungsländern sind sie niedriger als in Industrienationen (Werf et al. 2014). In städtischen Regionen mit hohen Raten an Migration und Cannabiskonsum konnten höhere Inzidenzen identifiziert werden als in städtischen Regionen mit wenig Migration und Cannabiskonsum. Es zeigt sich auch eine Diskrepanz im Verlauf von Remissionen und Rückfällen zwischen verschiedenen Kulturkreisen (Myers 2011). Studien weisen beispielsweise darauf hin, dass in Entwicklungsländern wie Indien oder in afrikanischen Ländern der Krankheitsverlauf tendenziell milder ist und Rückfälle seltener auftreten als in industrialisierten Ländern (Jablensky et al. 1992). Zudem weisen PatientInnen aus weniger industrialisierten Ländern geringere Einschränkungen ihres sozialen Funktionsniveaus (berufliche und soziale Beeinträchtigungen) auf und zeigen zudem eine bessere Symptomremission (Myers 2011). Weitere Einflussfaktoren, die möglicherweise Einfluss auf die Inzidenzrate nehmen können, sind Migration und der sozioökonomische Status (Veling et al. 2008). Es gibt Hinweise darauf, dass einige Länder, wie beispielsweise Schweden, mit weniger Risiko verbunden sind (Saha et al. 2005).

Das Geschlechterverhältnis zwischen Männern und Frauen ist gleichverteilt, wobei Männer ab dem Alter der Pubertät durchschnittlich 3 bis 5 Jahre früher (zwischen 20–25 Jahren) erkranken als Frauen (zwischen 25–30 Jahren; Leung und Chue 2003; MacDonald und Schulz 2009). Dies entspricht auch dem Zeitraum, in dem die Inzidenz ihren Höhepunkt erreicht. Mehr als die Hälfte aller Schizophrenie-Betroffenen erkranken zwischen der Pubertät und dem 30. Lebensjahr (Falkai et al. 2022). In der Folgezeit nimmt die Anzahl der Neuerkrankungen ab, jedoch bleibt die Erkrankung weiter bestehen (MacDonald und Schulz 2009). Nach dem 45. Lebensjahr, d. h. etwa zum Zeitpunkt der üblichen Menopause, ist ein zweiter Erkrankungsgipfel bekannt, in dem bei Frauen die Schizophrenie häufiger auftritt als bei Männern (MacDonald und Schulz 2009). Aktuelle Forschungsergebnisse haben Hinweise gegeben, dass Männer nicht nur früher im Alter erkranken, sondern mit einem insgesamt 1,4-fach erhöhten Risiko auch häufiger erkranken als Frauen (Riecher-Rössler et al. 2018; Saha et al. 2005). Frauen zeigen tendenziell einen weniger schweren Krankheitsverlauf und sprechen besser auf antipsychotische Medikamente an als Männer (MacDonald und Schulz 2009). Altersspezifisch lässt sich festhalten, dass die Negativsymptomatik vermehrt bei sehr früh erkrankten Kindern beobachtbar ist, während die Positivsymptomatik in ihrer Intensität und Ausprägung mit dem Alter der PatientInnen zunimmt (Falkai und Hasan 2019). In Bezug auf das Erstmanifestationsalter einzelner Subtypen der Schizophrenie lässt sich eine Unterscheidung des Prädilektionsalters (Alter, in dem die Erkrankung am häufigsten auftritt) beobachten. Dabei manifestiert sich beispielsweise der hebephrene Subtyp vorwiegend im Jugendalter, während der paranoid-halluzinatorische Subtyp typischerweise ab dem 30. Lebensjahr auftritt (Falkai et al. 2022).

Die Schizophrenie lässt sich bezüglich ihres Krankheitsbeginns wie folgt einteilen (Löhrs und Hasan 2019). Die *Early-Onset-Schizophrenia (EOS)* tritt im Alter zwischen 13 und 18 Jahren auf, während sich die *Child-Onset-Schizophrenia (COS)* bereits vor dem 13. Lebensjahr manifestiert (Falkai et al. 2022; Löhrs und Hasan 2019). Besonders häufig sind Jungen von diesen frühen Formen der Schizophrenie betroffen, wobei die Erkrankung oft in der Adoleszenz beginnt. Nach Angaben des National Institute of Mental Health (NIMH) liegt die Inzidenz für ein so frühes Auftreten der Schizophrenie bei lediglich etwa 0,04%. Charakteristisch für diese Krankheitsfälle ist eine ausgeprägte Negativsymptomatik, wohingegen Positivsymptome wie Halluzinationen und komplexe Wahninhalte seltener auftreten (Löhrs und Hasan 2019). Früh einsetzende Formen der Schizophrenie sind zudem häufig mit schweren Krankheitsverläufen und diagnostischen Herausforderungen verbunden. Aufgrund der anfänglich unspezifischen Symptome und der dominierenden Negativsymptomatik gibt es erhebliche Überschneidungen mit anderen Störungsbildern, wie beispielsweise der tiefgreifenden Entwicklungsstörung (Löhrs und Hasan 2019). *Die Late-Onset-Schizophrenia (LOS)* tritt zwischen dem 40. und 60. Lebensjahr und die *Very-Late-Schizophrenia (VLOS)* erst nach dem 60. Lebensjahr auf (Falkai et al. 2022; Löhrs und Hasan 2019). Diese späten Formen der Schizophrenie sind durch eine ausgeprägte Positivsymptomatik charakterisiert und zeigen eine hohe Therapieansprechrate bereits bei niedrigen Dosierungen von Antipsychotika. Differenzialdiagnostisch ist eine Abgrenzung zur anhaltend wahnhaften Störung essenziell, da diese ebenfalls erst im höheren Lebensalter auftreten kann, jedoch durch einen geringeren Halluzinationsanteil sowie weniger ausgeprägte neurokognitive Defizite gekennzeichnet ist. Zudem sind Frauen von der LOS oder VLOS etwas häufiger betroffen als Männer (Löhrs und Hasan 2019).

Zwischenfazit

Die Schizophrenie ist eine psychische Erkrankung, von der etwa 1 % der Bevölkerung betroffen ist. Ihr Ausbruch wird durch ein Zusammenspiel verschiedener Faktoren begünstigt. Dazu zählen eine genetische Vulnerabilität, peri- und pränatale Einflüsse, schädigende Faktoren im Entwicklungsverlauf, wie beispielsweise Traumatisierung und früher Cannabiskonsum, ebenso wie Gen-Umwelt-Wechselwirkungen. Frauen und Männer sind ungefähr gleich häufig betroffen, wobei aktuelle Studien darauf hinweisen, dass Männer ein etwa 1,4-fach erhöhtes Erkrankungsrisiko aufweisen. Das könnte aber auch daran liegen, dass Männer deutlich häufiger Substanzkonsum betreiben als Frauen. Unter gegebener Beziehung zwischen Substanzkonsum und der Entwicklung einer Psychose kann möglicherweise auch der Substanzkonsum den Geschlechterunterschied im Psychoserisiko erklären.

Was Sie aus diesem Essential mitnehmen können

- Schizophrenie ist eine entwicklungsneurobiologische Erkrankung, deren Entstehung auf einem Zusammenspiel verschiedener Faktoren beruht. Sie kann bereits im frühen Kindesalter (vor dem 13. Lebensjahr; COS) ihren Ursprung haben, sich aber auch erst im höheren Lebensalter (nach dem 60. Lebensjahr; VLOS) manifestieren.
- Das Verständnis des Störungsbildes entwickelte sich historisch von Kraepelins Konzept der *Dementia praecox* über Bleulers Einführung des Begriffs „Schizophrenie" bis hin zum heutigen dimensionalen Verständnis ohne Subtypisierung.
- Das Vulnerabilitäts-Stress-Modell beschreibt die Schizophrenie als Ergebnis der Wechselwirkung zwischen biologischer Anfälligkeit und auslösenden Umweltfaktoren wie Traumatisierung oder adoleszentem Cannabiskonsum.
- Genetische Dispositionen, neurochemische Veränderungen im Dopamin- und Glutamatsystem sowie epigenetische Mechanismen gelten als zentrale ätiologische Einflussgrößen.
- Mit einer Lebenszeitprävalenz von rund 1 % zählt die Schizophrenie zu den häufigsten schweren psychischen Störungen und ist mit chronischen Verläufen, sozialer Beeinträchtigung und erhöhter Mortalität verbunden.

Literatur

Aas, M., Haukvik, U. K., Djurovic, S., Bergmann, Ø., Athanasiu, L., Tesli, M. S., Hellvin, T., Steen, N. E., Agartz, I., Lorentzen, S., Sundet, K., Andreassen, O. A., & Melle, I. (2013). *BDNF val66met* modulates the association between childhood trauma, cognitive and brain abnormalities in psychoses. *Progress in Neuro-Psychopharmacology and Biological Psychiatry, 46*, 181–188. https://doi.org/10.1016/j.pnpbp.2013.07.008

Alemany, S., Arias, B., Aguilera, M., Villa, H., Moya, J., Ibáñez, M. I., Vossen, H., Gastó, C., Ortet, G., & Fañanás, L. (2011). Childhood abuse, the BDNF-Val66Met polymorphism and adultpsychotic-like experiences. *The British Journal of Psychiatry, 199*(1), 38–42. https://doi.org/10.1192/bjp.bp.110.083808

Alemany, S., Arias, B., Fatjó-Vilas, M., Villa, H., Moya, J., Ibáñez, M. I., Ortet, G., Gastó, C., & Fañanás, L. (2014). Psychosis-inducing effects of cannabis are related to both childhood abuse and COMT genotypes. *Acta Psychiatrica Scandinavica, 129*(1), 54–62. https://doi.org/10.1111/acps.12108

Andreasen, N. C., & Carpenter Jr., W. T. (1993). Diagnosis and Classification of Schizophrenia. *Schizophrenia Bulletin, 19*(2), 199–214. https://doi.org/10.1093/schbul/19.2.199

Argote, M., Sescousse, G., Brunelin, J., Baudin, G., Schaub, M. P., Rabin, R., ... & Rolland, B. (2023). Association between cannabis use and symptom dimensions in schizophrenia spectrum disorders: an individual participant data meta-analysis on 3053 individuals. *EClinicalMedicine, 64*.

Arseneault, L., Cannon, M., Poulton, R., Murray, R., Caspi, A., & Moffitt, T. E. (2002). Cannabis use in adolescence and risk for adult psychosis: longitudinal prospective study. *Bmj, 325*(7374), 1212–1213.

Bechdolf, A., & Klingberg, S. (2014). Psychotherapie bei schizophrenen Störungen: Kein Evidenz-, sondern ein Implementierungsproblem. *Psychiatrische Praxis, 41*, 8–10. https://doi.org/10.1055/s-0033-1359957

Belsham, B. (2001). Glutamate and its role in psychiatric illness. *Human Psychopharmacology: Clinical and Experimental, 16*(2), 139–146. https://doi.org/10.1002/hup.279

Binder, E. B., Bradley, R. G., Liu, W., Epstein, M. P., Deveau, T. C., Mercer, K. B., Tang, Y., Gillespie, C. F., Heim, C. M., Nemeroff, C. B., Schwartz, A. C., Cubells, J. F., & Ressler, K. J. (2008). Association of FKBP5 Polymorphisms and Childhood Abuse With Risk of Posttraumatic Stress Disorder Symptoms in Adults. *JAMA, 299*(11), 1291–1305. https://doi.org/10.1001/jama.299.11.1291

Bleuler, E. (1916). *Lehrbuch der Psychiatrie*. Springer. https://doi.org/10.1007/978-3-662-12241-9

Braslow, J. T., & Marder, S. R. (2019). History of Psychopharmacology. *Annual Review of Clinical Psychology, 15*, 25–50. https://doi.org/10.1146/annurev-clinpsy-050718-095514

Brown, G. W., Ban, M., Craig, T. K. J., Harris, T. O., Herbert, J., & Uher, R. (2013). Serotonin Transporter Length Polymorphism, Childhood Maltreatment, and Chronic Depression: A Specific Gene–Environment Interaction. *Depression and Anxiety, 30*(1), 5–13. https://doi.org/10.1002/da.21982

Cannon, T. D., van Erp, T. G. M., Rosso, I. M., Huttunen, M., Lönnqvist, J., Pirkola, T., Salonen, O., Valanne, L., Poutanen, V.-P., & Standertskjöld-Nordenstam, C.-G. (2002). Fetal Hypoxia and Structural Brain Abnormalities in Schizophrenic Patients, Their Siblings, and Controls. *Archives of General Psychiatry, 59*(1), 35–41. https://doi.org/10.1001/archpsyc.59.1.35

Caspar, F., Pjanic, I., & Westermann, S. (2018). Schizophrenie. In F. Caspar, I. Pjanic, & S. Westermann (Hrsg.), *Klinische Psychologie* (S. 83–90). Springer Fachmedien. https://doi.org/10.1007/978-3-531-93317-7_7

Caspi, A., Moffitt, T. E., Cannon, M., McClay, J., Murray, R., Harrington, H., Taylor, A., Arseneault, L., Williams, B., Braithwaite, A., Poulton, R., & Craig, I. W. (2005). Moderation of the Effect of Adolescent-Onset Cannabis Use on Adult Psychosis by a Functional Polymorphism in the Catechol-O-Methyltransferase Gene: Longitudinal Evidence of a Gene X Environment Interaction. *Biological Psychiatry, 57*(10), 1117–1127. https://doi.org/10.1016/j.biopsych.2005.01.026

Caspi, A., Sugden, K., Moffitt, T. E., Taylor, A., Craig, I. W., Harrington, H., McClay, J., Mill, J., Martin, J., Braithwaite, A., & Poulton, R. (2003). Influence of Life Stress on Depression: Moderation by a Polymorphism in the 5-HTT Gene. *Science, 301*(5631), 386–389. https://doi.org/10.1126/science.1083968

Clamor, A., Frantz, I., & Lincoln, T. M. (2020). Psychotische Störungen und Schizophrenie. In J. Hoyer & S. Knappe (Hrsg.), *Klinische Psychologie & Psychotherapie* (S. 947–1003). Springer. https://doi.org/10.1007/978-3-662-61814-1_44

Collip, D., Myin-Germeys, I., Wichers, M., Jacobs, N., Derom, C., Thiery, E., Lataster, T., Simons, C., Delespaul, P., Marcelis, M., Os, J. van, & Winkel, R. van. (2013). FKBP5 as a possible moderator of the psychosis-inducing effects of childhood trauma. *The British Journal of Psychiatry, 202*(4), 261–268. https://doi.org/10.1192/bjp.bp.112.115972

Costas, J., Sanjuán, J., Ramos-Ríos, R., Paz, E., Agra, S., Tolosa, A., Páramo, M., Brenlla, J., & Arrojo, M. (2011). Interaction between *COMT* haplotypes and cannabis in schizophrenia: A case-only study in two samples from Spain. *Schizophrenia Research, 127*(1), 22–27. https://doi.org/10.1016/j.schres.2011.01.014

Davis, J., Eyre, H., Jacka, F. N., Dodd, S., Dean, O., McEwen, S., Debnath, M., McGrath, J., Maes, M., Amminger, P., McGorry, P. D., Pantelis, C., & Berk, M. (2016). A review of vulnerability and risks for schizophrenia: Beyond the two hit hypothesis. *Neuroscience and biobehavioral reviews, 65*, 185–194. https://doi.org/10.1016/j.neubiorev.2016.03.017

De Sousa, K. R., Tiwari, A. K., Giuffra, D. E., Mackenzie, B., Zai, C. C., & Kennedy, J. L. (2015). Corrigendum to "Age at onset of schizophrenia: Cannabis, COMT gene, and their interactions" [Volume 151, Issues 1–3, December 2013, Pages 289–290]. *Schizophrenia Research, 169*(1), 507. https://doi.org/10.1016/j.schres.2015.09.031

Di Forti, M., Marconi, A., Carra, E., Fraietta, S., Trotta, A., Bonomo, M., Bianconi, F., Gardner-Sood, P., O'Connor, J., Russo, M., Stilo, S. A., Marques, T. R., Mondelli, V., Dazzan, P., Pariante, C., David, A. S., Gaughran, F., Atakan, Z., Iyegbe, C., … Murray, R. M. (2015). Proportion of patients in south London with first-episode psychosis attributable to use of high potency cannabis: A case-control study. *The Lancet. Psychiatry, 2*(3), 233–238. https://doi.org/10.1016/S2215-0366(14)00117-5

Duarte, J. M. N., & Xin, L. (2019). Magnetic Resonance Spectroscopy in Schizophrenia: Evidence for Glutamatergic Dysfunction and Impaired Energy Metabolism. *Neurochemical Research, 44*(1), 102–116. https://doi.org/10.1007/s11064-018-2521-z

Falkai, Gerd Laux, Arno Deister, & Hans-Jürgen Möller. (2022). *Duale Reihe Psychiatrie, Psychosomatik und Psychotherapie* (7. vollständig überarbeitete Auflage 2022). Thieme. https://shop.thieme.de/Duale-Reihe-Psychiatrie-Psychosomatik-und-Psychotherapie/9783132432659

Falkai, P., & Hasan, A. (2019). *Praxishandbuch Schizophrenie: Diagnostik – Therapie – Versorgungsstrukturen*. Elsevier Health Sciences.

Falkai, P., & Maier, W. (2006). Fortschritte in der neurobiologischen Erforschung der Schizophrenie. *Der Nervenarzt, 77*(3), S65–S76. https://doi.org/10.1007/s00115-006-2197-5

Falkai, P., Schennach, R., Lincoln, T., Schaub, A., & Hasan, A. (2017). Schizophrene Psychosen. In H.-J. Möller, G. Laux, & H.-P. Kapfhammer (Hrsg.), *Psychiatrie, Psychosomatik, Psychotherapie: Band 1: Allgemeine Psychiatrie 1, Band 2: Allgemeine Psychiatrie 2, Band 3: Spezielle Psychiatrie 1, Band 4: Spezielle Psychiatrie 2* (S. 1583–1674). Springer. https://doi.org/10.1007/978-3-662-49295-6_64

Forti, M. D., Iyegbe, C., Sallis, H., Kolliakou, A., Falcone, M. A., Paparelli, A., Sirianni, M., Cascia, C. L., Stilo, S. A., Marques, T. R., Handley, R., Mondelli, V., Dazzan, P., Pariante, C., David, A. S., Morgan, C., Powell, J., & Murray, R. M. (2012). Confirmation that the AKT1 (rs2494732) Genotype Influences the Risk of Psychosis in Cannabis Users. *Biological Psychiatry, 72*(10), 811–816. https://doi.org/10.1016/j.biopsych.2012.06.020

Gallinat, J., & Gudlowski, Y. (2018). Die Glutamathypothese der Schizophrenie. *Nervenheilkunde, 27*, 317–325. https://doi.org/10.1055/s-0038-1627256

Gustavsson, A., Svensson, M., Jacobi, F., Allgulander, C., Alonso, J., Beghi, E., Dodel, R., Ekman, M., Faravelli, C., Fratiglioni, L., Gannon, B., Jones, D. H., Jennum, P., Jordanova, A., Jönsson, L., Karampampa, K., Knapp, M., Kobelt, G., Kurth, T., … Olesen, J. (2011). Cost of disorders of the brain in Europe 2010. *European Neuropsychopharmacology, 21*(10), 718–779. https://doi.org/10.1016/j.euroneuro.2011.08.008

Hagberg, H., Gressens, P., & Mallard, C. (2012). Inflammation during fetal and neonatal life: Implications for neurologic and neuropsychiatric disease in children and adults. *Annals of Neurology, 71*(4), 444–457. https://doi.org/10.1002/ana.22620

Hardy, A., Emsley, R., Freeman, D., Bebbington, P., Garety, P. A., Kuipers, E. E., Dunn, G., & Fowler, D. (2016). Psychological Mechanisms Mediating Effects Between Trauma and Psychotic Symptoms: The Role of Affect Regulation, Intrusive Trauma Memory, Beliefs, and Depression. *Schizophrenia Bulletin, 42 Suppl 1*(Suppl 1), S34-43. https://doi.org/10.1093/schbul/sbv175

Hasan, A., Malchow, B., Falkai, P., & Schmitt, A. (2014). Die Glutamathypothese der Schizophrenie. *Fortschritte der Neurologie · Psychiatrie, 82,* 447–456. https://doi.org/10.1055/s-0034-1366571

Heim, S., Dehmer, M., & Berger-Tunkel, M. (2019). Beeinträchtigungen von Sprache und Kommunikation bei Schizophrenie. *Der Nervenarzt, 90*(5), 485–489. https://doi.org/10.1007/s00115-018-0647-5

Hewer, W., & Schneider, F. (2016). Somatische Morbidität bei psychisch Kranken. *Der Nervenarzt, 87*(7), 787–801. https://doi.org/10.1007/s00115-016-0146-5

Hiemstra, M., Nelemans, S. A., Branje, S., van Eijk, K. R., Hottenga, J.-J., Vinkers, C. H., van Lier, P., Meeus, W., & Boks, M. P. (2018). Genetic vulnerability to schizophrenia is associated with cannabis use patterns during adolescence. *Drug and Alcohol Dependence, 190,* 143-150. https://doi.org/10.1016/j.drugalcdep.2018.05.024

Hofer, A., & Fleischhacker, W. W. (2012). Schizophrenie, schizotype und wahnhafte Störungen (ICD-10 F2). In W. W. Fleischhacker & H. Hinterhuber (Hrsg.), *Lehrbuch Psychiatrie* (S. 111–151). Springer. https://doi.org/10.1007/978-3-211-89865-9_4

Howes, O. D., Kambeitz, J., Kim, E., Stahl, D., Slifstein, M., Abi-Dargham, A., & Kapur, S. (2012). The nature of dopamine dysfunction in schizophrenia and what this means for treatment. *Archives of general psychiatry, 69*(8), 776–786. https://doi.org/10.1001/archgenpsychiatry.2012.169

Howes, O. D., & Kapur, S. (2009). The Dopamine Hypothesis of Schizophrenia: Version III—The Final Common Pathway. *Schizophrenia Bulletin, 35*(3), 549–562. https://doi.org/10.1093/schbul/sbp006

Jablensky, A., Sartorius, N., Ernberg, G., Anker, M., Korten, A., Cooper, J. E., Day, R., & Bertelsen, A. (1992). Schizophrenia: Manifestations, incidence and course in different cultures A World Health Organization Ten-Country Study. *Psychological Medicine Monograph Supplement, 20,* 1–97. https://doi.org/10.1017/S0264180100000904

Janoutová, J., Janácková, P., Serý, O., Zeman, T., Ambroz, P., Kovalová, M., Varechová, K., Hosák, L., Jirík, V., & Janout, V. (2016). Epidemiology and risk factors of schizophrenia. *Neuro Endocrinology Letters, 37*(1), 1–8.

Janssen, B., Menke, R., Pourhassan, F., Geßner-Özokyay, D., Peters, R., & Gaebel, W. (2006). Leitlinienimplementierung auf der Basis eines computergestützten Decision-support-Systems. *Der Nervenarzt, 77*(5), 567–575. https://doi.org/10.1007/s00115-005-1898-5

Kahn, R. S., Sommer, I. E., Murray, R. M., Meyer-Lindenberg, A., Weinberger, D. R., Cannon, T. D., O'Donovan, M., Correll, C. U., Kane, J. M., van Os, J., & Insel, T. R. (2015). Schizophrenia. *Nature Reviews Disease Primers, 1*(1), 1–23. https://doi.org/10.1038/nrdp.2015.67

Khandaker, G. M., Zimbron, J., Dalman, C., Lewis, G., & Jones, P. B. (2012). Childhood infection and adult schizophrenia: A meta-analysis of population-based studies. *Schizophrenia Research, 139*(1–3), 161–168. https://doi.org/10.1016/j.schres.2012.05.023

Khandaker, G. M., Zimbron, J., Lewis, G., & Jones, P. B. (2013). Prenatal maternal infection, neurodevelopment and adult schizophrenia: A systematic review of population-based studies. *Psychological medicine, 43*(2), 239–257. https://doi.org/10.1017/S0033291712000736

Kikuchi, T. (2020). Is Memantine Effective as an NMDA-Receptor Antagonist in Adjunctive Therapy for Schizophrenia? *Biomolecules, 10*(8), 1134. https://doi.org/10.3390/biom10081134

Kirkbride, J. B., Susser, E., Kundakovic, M., Kresovich, J. K., Smith, G. D., & Relton, C. L. (2012). Prenatal nutrition, epigenetics and schizophrenia risk: Can we test causal effects? *Epigenomics*, *4*(3), 303–315. https://doi.org/10.2217/epi.12.20

Köhler, T. (2019). *Biologische Grundlagen psychischer Störungen* (3. überarbeitete Auflage). Hogrefe. https://elibrary.hogrefe.com/book/10.1026/02827-000

Kraepelin, E. (1899) (mit Harvard University). *Psychiatrie: Ein Lehrbuch für Studierende und Ärzte*. Barth. http://archive.org/details/psychiatrieeinl00kraegoog

Ksir, C., & Hart, C. L. (2016). Cannabis and Psychosis: A Critical Overview of the Relationship. *Current Psychiatry Reports*, *18*(2), 12. https://doi.org/10.1007/s11920-015-0657-y

Large, M., Sharma, S., Compton, M. T., Slade, T., & Nielssen, O. (2011). Cannabis use and earlier onset of psychosis: A systematic meta-analysis. *Archives of General Psychiatry*, *68*(6), 555–561. https://doi.org/10.1001/archgenpsychiatry.2011.5

Leung M.D., Dr. A., & Chue M. R. C. Psych., Dr. P. (2003). Sex differences in schizophrenia, a review of the literature. *Acta Psychiatrica Scandinavica*, *101*(401), 3–38. https://doi.org/10.1111/j.0065-1591.2000.0ap25.x

Löhrs, L., & Hasan, A. (2019). Risikofaktoren für die Entstehung und den Verlauf der Schizophrenie. *Fortschritte der Neurologie · Psychiatrie*, *87*, 133–143. https://doi.org/10.1055/a-0836-7839

MacDonald, A. W., & Schulz, S. C. (2009). What We Know: Findings That Every Theory of Schizophrenia Should Explain. *Schizophrenia Bulletin*, *35*(3), 493–508. https://doi.org/10.1093/schbul/sbp017

Markham, J. A., & Koenig, J. I. (2011). Prenatal stress: Role in psychotic and depressive diseases. *Psychopharmacology*, *214*(1), 89–106. https://doi.org/10.1007/s00213-010-2035-0

McCutcheon, R. A., Reis Marques, T., & Howes, O. D. (2020). Schizophrenia – An Overview. *JAMA Psychiatry*, *77*(2), 201–210. https://doi.org/10.1001/jamapsychiatry.2019.3360

McGrath, J., Brown, A., & St Clair, D. (2011). Prevention and schizophrenia – The role of dietary factors. *Schizophrenia Bulletin*, *37*(2), 272–283. https://doi.org/10.1093/schbul/sbq121

Mechoulam, R., & Parker, L. A. (2013). The endocannabinoid system and the brain. *Annual Review of Psychology*, *64*, 21–47. https://doi.org/10.1146/annurev-psych-113011-143739

Moises, H. W., & Gottesman, I. I. (2000). Genetische Risikofaktoren bei Schizophrenie. In H. Helmchen, H. Lauter, F. Henn, & N. Sartorius (Hrsg.), *Psychiatrie der Gegenwart 5: Schizophrene und affektive Störungen* (S. 71–88). Springer. https://doi.org/10.1007/978-3-642-59626-1_3

Morgan, C. J. A., Freeman, T. P., Powell, J., & Curran, H. V. (2016). AKT1 genotype moderates the acute psychotomimetic effects of naturalistically smoked cannabis in young cannabis smokers. *Translational Psychiatry*, *6*(2), e738–e738. https://doi.org/10.1038/tp.2015.219

Morrison, A. P., Turkington, D., Pyle, M., Spencer, H., Brabban, A., Dunn, G., Christodoulides, T., Dudley, R., Chapman, N., Callcott, P., Grace, T., Lumley, V., Drage, L., Tully, S., Irving, K., Cummings, A., Byrne, R., Davies, L. M., & Hutton, P. (2014). Cognitive therapy for people with schizophrenia spectrum disorders not taking antipsychotic drugs: A single-blind randomised controlled trial. *Lancet (London, England)*, *383*(9926), 1395–1403. https://doi.org/10.1016/S0140-6736(13)62246-1

Murray, R. M., Bhavsar, V., Tripoli, G., & Howes, O. (2017). 30 Years on: How the Neurodevelopmental Hypothesis of Schizophrenia Morphed Into the Developmental Risk Factor Model of Psychosis. *Schizophrenia Bulletin*, *43*(6), 1190–1196. https://doi.org/10.1093/schbul/sbx121

Murray, R. M., Quigley, H., Quattrone, D., Englund, A., & Di Forti, M. (2016). Traditional marijuana, high-potency cannabis and synthetic cannabinoids: Increasing risk for psychosis. *World Psychiatry: Official Journal of the World Psychiatric Association (WPA)*, *15*(3), 195–204. https://doi.org/10.1002/wps.20341

Myers, N. L. (2011). Update: Schizophrenia Across Cultures. *Current Psychiatry Reports*, *13*(4), 305–311. https://doi.org/10.1007/s11920-011-0208-0

Owen, M. J., Sawa, A., & Mortensen, P. B. (2016). Schizophrenia. *The Lancet*, *388*(10039), 86–97. https://doi.org/10.1016/S0140-6736(15)01121-6

Paz, R. D., Tardito, S., Atzori, M., & Tseng, K. Y. (2008). Glutamatergic dysfunction in schizophrenia: From basic neuroscience to clinical psychopharmacology. *European Neuropsychopharmacology*, *18*(11), 773–786. https://doi.org/10.1016/j.euroneuro.2008.06.005

Phillips, L. J., Francey, S. M., Edwards, J., & McMurray, N. (2007). Stress and psychosis: Towards the development of new models of investigation. *Clinical Psychology Review*, *27*(3), 307–317. https://doi.org/10.1016/j.cpr.2006.10.003

Prölß, A., Schnell, T., & Koch, L. J. (2019). Schizophrenie. In A. Prölß, T. Schnell, & L. J. Koch (Hrsg.), *Psychische StörungsBILDER* (S. 17–25). Springer. https://doi.org/10.1007/978-3-662-58288-6_4

Riecher-Rössler, A., Butler, S., & Kulkarni, J. (2018). Sex and gender differences in schizophrenic psychoses – A critical review. *Archives of Women's Mental Health*, *21*(6), 627–648. https://doi.org/10.1007/s00737-018-0847-9

Saha, S., Chant, D., Welham, J., & McGrath, J. (2005). A Systematic Review of the Prevalence of Schizophrenia. *PLOS Medicine*, *2*(5), e141. https://doi.org/10.1371/journal.pmed.0020141

Schmitt, A., Hasan, A., Gruber, O., & Falkai, P. (2011). Schizophrenia as a disorder of disconnectivity. *European Archives of Psychiatry and Clinical Neuroscience*, *261*(Suppl 2), 150–154. https://doi.org/10.1007/s00406-011-0242-2

Schmitt, A., Malchow, B., Hasan, A., & Falkai, P. (2014). The impact of environmental factors in severe psychiatric disorders. *Frontiers in Neuroscience*, *8*, 19. https://doi.org/10.3389/fnins.2014.00019

Schneider, K., Huber, G., & Gross, G. (1946). *Klinische Psychopathologie* (15. Auflage). Thieme Verlag. https://doi.org/10.1055/b-002-44928

Schnell, T., Koethe, D., Daumann, J., & Gouzoulis-Mayfrank, E. (2009). The role of cannabis in cognitive functioning of patients with schizophrenia. *Psychopharmacology*, *205*(1), 45–52.

Schnell, T., Kleiman, A., Gouzoulis-Mayfrank, E., Daumann, J., & Becker, B. (2012). Increased gray matter density in patients with schizophrenia and cannabis use: a voxel-based morphometric study using DARTEL. *Schizophrenia research*, *138*(2–3), 183–187.

Smeland, O. B., Frei, O., Dale, A. M., & Andreassen, O. A. (2020). The polygenic architecture of schizophrenia – Rethinking pathogenesis and nosology. *Nature Reviews. Neurology*, *16*(7), 366–379. https://doi.org/10.1038/s41582-020-0364-0

Uher, R. (2014). Gene–Environment Interactions in Severe Mental Illness. *Frontiers in Psychiatry*, *5*, 48. https://doi.org/10.3389/fpsyt.2014.00048

Van Lieshout, R. J., Taylor, V. H., & Boyle, M. H. (2011). Pre-pregnancy and pregnancy obesity and neurodevelopmental outcomes in offspring: A systematic review. *Obesity Reviews*, *12*(5), e548–e559. https://doi.org/10.1111/j.1467-789X.2010.00850.x

Van Lieshout, R. J., & Voruganti, L. P. (2008). Diabetes mellitus during pregnancy and increased risk of schizophrenia in offspring: A review of the evidence and putative mechanisms. *Journal of Psychiatry & Neuroscience : JPN, 33*(5), 395–404.

van Os, J., Bak, M., Hanssen, M., Bijl, R. V., de Graaf, R., & Verdoux, H. (2002). Cannabis use and psychosis: A longitudinal population-based study. *American Journal of Epidemiology, 156*(4), 319–327. https://doi.org/10.1093/aje/kwf043

van Winkel, R. (2011). Family-Based Analysis of Genetic Variation Underlying Psychosis-Inducing Effects of Cannabis: Sibling Analysis and Proband Follow-up. *Archives of General Psychiatry, 68*(2), 148–157. https://doi.org/10.1001/archgenpsychiatry.2010.152

Varese, F., Smeets, F., Drukker, M., Lieverse, R., Lataster, T., Viechtbauer, W., Read, J., van Os, J., & Bentall, R. P. (2012). Childhood adversities increase the risk of psychosis: A meta-analysis of patient-control, prospective- and cross-sectional cohort studies. *Schizophrenia Bulletin, 38*(4), 661–671. https://doi.org/10.1093/schbul/sbs050

Veling, W., Susser, E., van Os, J., Mackenbach, J. P., Selten, J.-P., & Hoek, H. W. (2008). Ethnic density of neighborhoods and incidence of psychotic disorders among immigrants. *The American Journal of Psychiatry, 165*(1), 66–73. https://doi.org/10.1176/appi.ajp.2007.07030423

Vinkers, C. H., Van Gastel, W. A., Schubart, C. D., Van Eijk, K. R., Luykx, J. J., Van Winkel, R., Joëls, M., Ophoff, R. A., Boks, M. P. M., Bruggeman, R., Cahn, W., de Haan, L., Kahn, R. S., Meijer, C. J., Myin-Germeys, I., van Os, J., & Wiersma, D. (2013). The effect of childhood maltreatment and cannabis use on adult psychotic symptoms is modified by the *COMT* Val158Met polymorphism. *Schizophrenia Research, 150*(1), 303–311. https://doi.org/10.1016/j.schres.2013.07.020

Wade, M., Tai, S., Awenat, Y., & Haddock, G. (2017). A systematic review of service-user reasons for adherence and nonadherence to neuroleptic medication in psychosis. *Clinical Psychology Review, 51*, 75–95. https://doi.org/10.1016/j.cpr.2016.10.009

Walther, S., & Weiss, F. (2022). Katatonie im Wandel der Zeit – von Kahlbaum bis zum ICD-11. *PSYCH up2date, 16*, 285–304. https://doi.org/10.1055/a-1145-0920

Weiser, M., & Noy, S. (2005). Interpreting the association between cannabis use and increased risk for schizophrenia. *Dialogues in Clinical Neuroscience, 7*(1), 81–85. https://doi.org/10.31887/DCNS.2005.7.1/mweiser

Werf, M. van der, Hanssen, M., Köhler, S., Verkaaik, M., Verhey, F. R., Investigators, R., Winkel, R. van, Os, J. van, & Allardyce, J. (2014). Systematic review and collaborative recalculation of 133 693 incident cases of schizophrenia. *Psychological Medicine, 44*(1), 9–16. https://doi.org/10.1017/S0033291712002796

WHO. (2008). *The global burden of disease: 2004 update*. World Health Organization. https://www.who.int/publications/i/item/9789241563710

Yakimov, V., Falkai, P., & Wagner, E. (2023). Pathogenese der Schizophrenie(n). *PSYCH up2date, 17*, 45–62. https://doi.org/10.1055/a-1814-6282

Zubin, J., & Spring, B. (1977). Vulnerability: A new view of schizophrenia. *Journal of abnormal psychology, 86*(2), 103

Zwicker, A., Denovan-Wright, E. M., & Uher, R. (2018). Gene–environment interplay in the etiology of psychosis. *Psychological Medicine, 48*(12), 1925–1936. https://doi.org/10.1017/S003329171700383X

If you have any concerns about our products,
you can contact us on
ProductSafety@springernature.com

In case Publisher is established outside the EU,
the EU authorized representative is:
Springer Nature Customer Service Center GmbH
Europaplatz 3, 69115 Heidelberg, Germany

Printed by Libri Plureos GmbH
in Hamburg, Germany